Dd
 d
Ee

h
Ii

Jj

m
Nn
 n
Oo

Ss
 s
Tt

 w
Xx

Yy

Now I know my ABCs,
next time won't you sing with me ?
Zz

はじめてのえいご

Moving in the Spring ことばのえじてん 林 四郎・絵　木坂 涼・監修

はるの ひ、かぞく みんなで
あたらしい いえに ひっこしです。

世界文化社

Food We Like
フード ウィ ライク
わたしたちの すきな たべもの

ice cream cone
アイス クリーム コウン
ソフトクリーム

ice cream
アイス クリーム
アイスクリーム

jello
ヂェロウ
ゼリー

donut
ドウナト
ドーナツ

cupcake
カップケイク
カップケーキ

french fries
フレンチ フライズ
フライドポテト

corn dog
コーン ドグ
アメリカンドッグ

hotdog
ハットドグ
ホットドッグ

popcorn
パプコーン
ポップコーン

pancakes
パンケイクス
パンケーキ

hamburger
ハンバーガァ
ハンバーガー

sandwich
サンウィチ
サンドイッチ

roll
ロウル
ロール

bagel
ベェグル
ベーグル

orange juice
オレンヂ ヂュース
オレンジ ジュース

みんなは どんな たべものが すき?

steak
ステイク
ステーキ

sunny-side up
サニサイド アップ
めだまやき

omelet
アムレト
オムレツ

fried chicken
フライド チキン
フライドチキン

roast chicken
ロウスト チキン
ロースト　チキン

roast pork
ロウスト　ポーク
ロースト　ポーク

grilled salmon
グリルド　サモン
やきざけ

roast beef
ロウスト　ビーフ
ロースト　ビーフ

stew
ステュー
シチュー

soup
スープ
スープ

spaghetti
スパゲティ
スパゲッティ

pizza
ピーツァ
ピザ

barbecue
バーベキュー
バーベキュー

sushi
スシ
すし

rice ball
ライス　ボール
おにぎり

miso soup
ミーソウ　スープ
みそしる

わたしは　フライドチキンが　だいすき！

11

こうまに えさを あげたり、ぼくようけんと あそんだよ。

しぼりたての ジュースは とっても おいしかったよ。

のりものが たくさん みえるね。

わたしは パンダが いちばん すき！

25

At School
アト スクール
がっこうで

classroom
クラスルム
きょうしつ

clock
クラック
とけい

blackboard
ブラクボード
こくばん

calendar
キャレンダァ
カレンダー

map
マップ
ちず

students
ステューデンツ
せいと

teacher
ティーチァ
せんせい

textbook
テクスブク
きょうかしょ

chair
チェア
いす

desk
デスク
つくえ

notebook
ノウトゥブク
ノート

ink
インク
インク

pen
ペン
ペン

pencil
ペンスル
えんぴつ

eraser
イレイサァ
けしごむ

26 きょうから がっこうが はじまるよ。

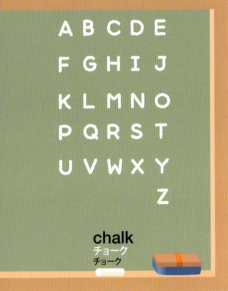
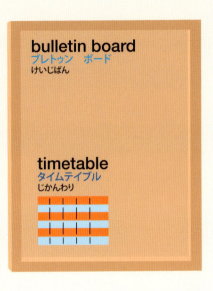

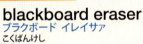

あたらしい ともだちが たくさん できると いいな。

27

わたしは おうじさまの でて くる おなはしが すき！

29

Numbers
ナンバァズ
かず

1 one / ワン / いち

2 two / トゥー / に

3 three / スリー / さん

4 four / フォー / よん（し）

5 five / ファイヴ / ご

Colors
カラァズ
いろ

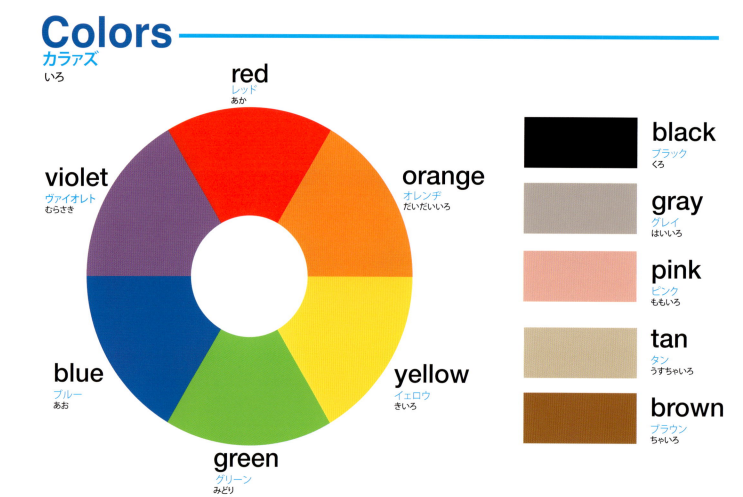

red / レッド / あか
orange / オレンヂ / だいだいいろ
yellow / イェロウ / きいろ
green / グリーン / みどり
blue / ブルー / あお
violet / ヴァイオレト / むらさき

black / ブラック / くろ
gray / グレイ / はいいろ
pink / ピンク / ももいろ
tan / タン / うすちゃいろ
brown / ブラウン / ちゃいろ

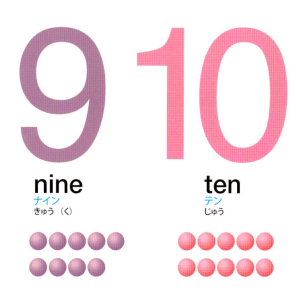

six
スィックス
ろく

seven
セヴン
なな（しち）

eight
エイト
はち

nine
ナイン
きゅう（く）

ten
テン
じゅう

Shapes
シェイプス
かたち

circle
サークル
えん

triangle
トゥライアングル
さんかく

square
スクウェア
しかく

cross
クロス
じゅうじ

crescent
クレスント
みかづき

star
スター
ほし

rhombus
ランベス
ひしがた

heart
ハート
ハート

31

はじめてのえいご
ことばのえじてん

発行日　2017年12月5日　初版第1刷発行

絵：林　四郎　　監修：木坂　涼

発行者：井澤　豊一郎

発行：株式会社世界文化社
〒102-8187　東京都千代田区九段北4-2-29
TEL 03-3262-5115（販売部）

DTP：画工舎
校正：株式会社円水社
編集協力：萩原英子
参考文献：ジュニア・アンカー英和辞典（学研プラス）
編集：株式会社世界文化クリエイティブ・飯田　猛

印刷・製本：図書印刷株式会社

©Shiro Hayashi,2017.Printed in JAPAN
ISBN978-4-418-17816-2

無断転載・複写を禁じます。
定価はカバーに表示してあります。
落丁・乱丁のある場合はお取り替えいたします。

※内容に関するお問い合わせは、
株式会社世界文化クリエイティブ　Tel03(3262)6810
までお願いいたします。

A a		B b		C c
F f		G g		H h
K k		L l		M m
P p		Q q		R r
U u		V v		W w

a-b-c-d-e-f-g, h-i-j-k-lmnop, q-r-s, t-u-v, w--x--y-and-z,